SONGS FROM THE MOTION PICTURE

Collection for Young Voices

ILLUMINATION PRESENTS

SING™

T0081811

TABLE OF CONTENTS

	Piano/Vocal	Singer
Don't You Worry 'Bout a Thing	2	2
Faith	10	8
Hallelujah	18	14
I'm Still Standing	25	18
Set It All Free	31	22

UNIVERSAL
A COMCAST COMPANY

ILLUMINATION ENTERTAINMENT

EXCLUSIVELY DISTRIBUTED BY

HAL•LEONARD®

In Australia Contact:
Hal Leonard Australia Pty. Ltd.
4 Lentara Court
Cheltenham, Victoria, 3192 Australia
Email: ausadmin@halleonard.com.au

Visit Hal Leonard Online at
www.halleonard.com

DON'T YOU WORRY 'BOUT A THING

Words and Music by STEVIE WONDER

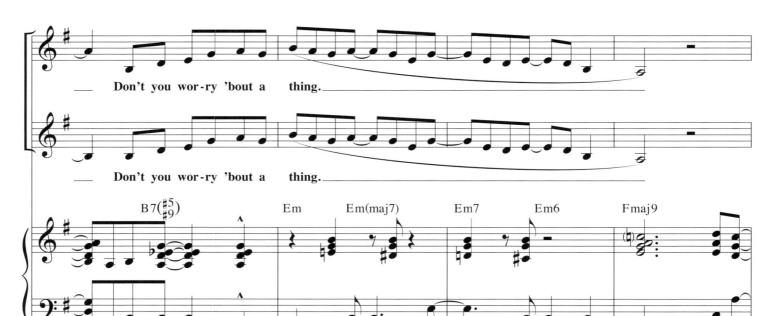

who sees___ the chang - es you take___ your - self through.___

Don't you wor - ry 'bout a thing___ Don't you wor - ry 'bout a

thing.___ Don't you wor - ry 'bout a thing.___

___ Don't you wor - ry 'bout a thing.___

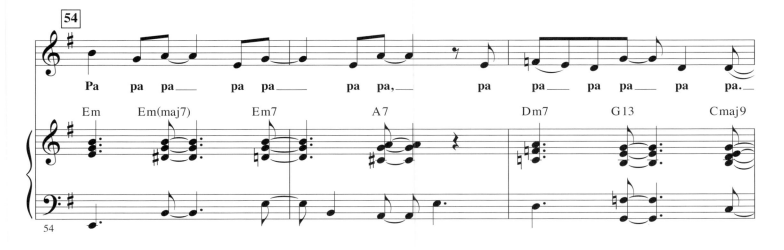

Pa pa pa___ pa pa pa pa,___ pa pa___ pa pa pa pa.___

Pa pa pa___ pa pa pa pa,___ pa

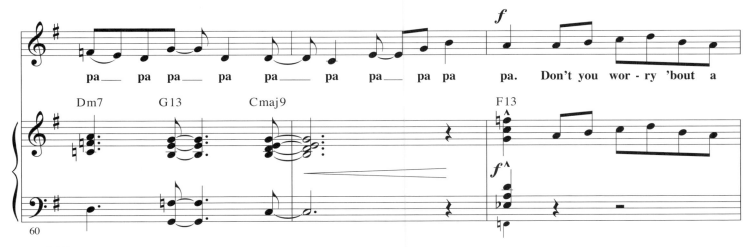

pa___ pa pa___ pa pa___ pa pa pa pa pa. Don't you wor-ry 'bout a

thing. Don't you wor-ry 'bout a thing,___ ma-ma,

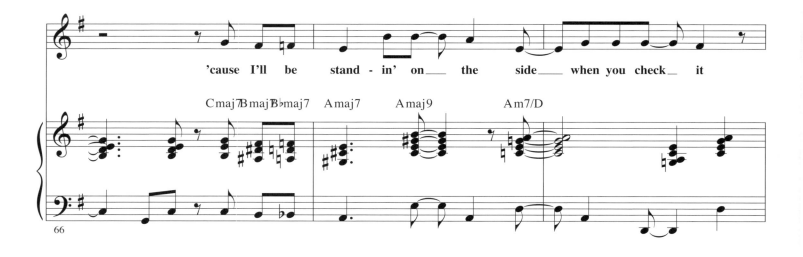

'cause I'll be stand - in' on the side when you check it

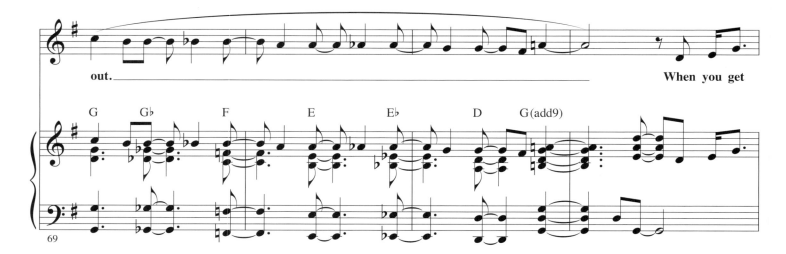

out. When you get

off your trip.

Ah, your trip.

Don't you wor-ry 'bout a thing.

Don't you wor-ry 'bout a thing.

Don't you wor-ry 'bout a thing.

Don't you wor-ry 'bout a thing.

Don't you wor-ry 'bout a thing!

Don't you wor-ry 'bout a thing!

FAITH

Words and Music by RYAN TEDDER,
BENJAMIN LEVIN, STEVIE WONDER,
FRANCIS STARLITE, and BRENT KUTZLE

Moderately fast (♩ = 152)

See the girl with the dia-monds in her shoes? (Yeah.) She walks a-round like she's

got noth-ing to lose. Yeah, she's a go - get - ter. She's ev - 'ry - bod - y's type. She's a

queen of the cit - y, but she don't be - lieve the hype. She's got her own el - e - va - tion,

See the boy with the Ste-vie Won-der swag? Ain't got a clue all the

mag-ic that he has. He's a go-get-ter. He's ev-'ry-bod-y's type. I'm-a

make it my mis-sion make him feel al-right. He's a twelve on a ten-point,

rock-in' out to his joint. Just say the word, 'cause I could sing all night. I got

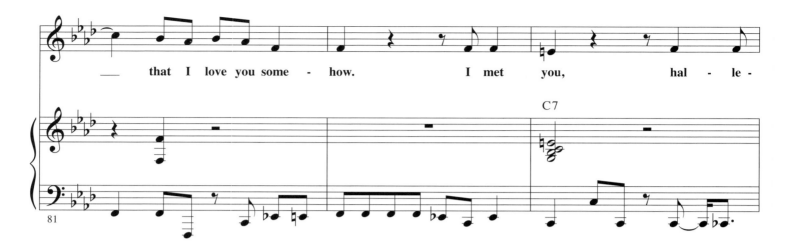

that I love you some - how. I met you, hal - le -

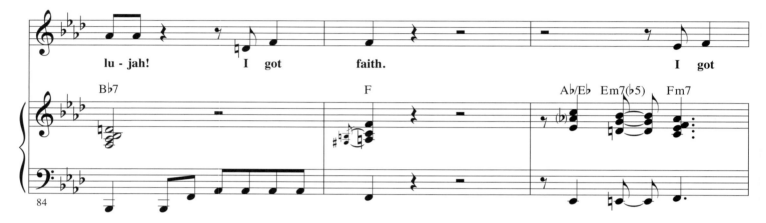

lu - jah! I got faith. I got

faith in you, ba - by. I got faith in you

now. And you've been＿ such a, such a good friend to me. Know＿

that I love you some - how. I met

you, hal - le - lu - jah! I met you, hal - le -

C7 B♭7 C7

lu - jah! I met you, hal - le - lu - jah! I got...

end claps

B♭7 C7 B♭7

opt. Solo *opt. ad lib. Solo*
All

faith. _____ (Faith!)

N.C. Fm N.C.

from the Motion Picture SING
HALLELUJAH

Words and Music by LEONARD COHEN

I'M STILL STANDING

Words and Music by ELTON JOHN
and BERNIE TAUPIN

up like the wreck you hide___ be-hind___ that mask you use.

Did you think this fool could nev-er win?___ Well, look at me, I'm com-in'

back a-gain.___ I got a taste of love___ in a sim-ple way,___ and if you

opt. harmony in lower notes

need to know, while I'm still stand - in' you___ just fade a-way.

piec - es of __ my life __ with - out __ you on __ my mind. __ I'm __ still stand-

- in', yeah, yeah, yeah. I'm __ still stand-

- in', yeah, yeah, yeah.

Once I nev - er could hope to win, __ you start - in' down the road and leav - in' me a - gain. __ The

all this time, pick-in' up the piec-es of __ my life __ with-out __ you on __ __ my mind. __ I'm __ still stand - in', yeah, yeah, yeah.

I'm __ still stand - in', yeah, yeah, yeah.

I'm __ still stand -

SET IT ALL FREE

Words and Music by
DAVE BASSETT

I fol-lowed my heart in-

-to the fi-re, got burned, got bro-ken down by de-si-re. I

tried, I tried, but the smoke in my eyes left me blur-ry,

all. This is my kiss good - bye. You can stand_ a - lone and

watch me fly,_____ 'cause noth - ing's keep - ing me

down, gon - na let it all out. Come on and say it right now, right now, right

now. This_ is my big hel - lo, 'cause I'm here_ and nev - er

let - ting go.___ I can fi - nal - ly see it's not___ just a

dream when you set it all free, all free, all free. You set it all

Oh,_____ oh._____

All
free.___ Oh,_____

___ oh.___ Oh,_____ oh._____

time. This is my kiss good - bye. You can stand_ a - lone and

watch me fly,_____ 'cause noth-ing's keep-ing me

down, gon-na let it all out. Come on and say it right now, right now, right

now. This_ is my big hel - lo, 'cause I'm here_ and nev - er

let - ting go.___ I can fi - nal - ly see it's not_ just a

dream when you set it all free, all free, all free. You set it all

free._____ You set it all free._____

(Oh,_____ oh. Oh,_____

You set it all free._____

_____ oh._____ Oh,_____ oh.)_____

This is my kiss good-bye. You can stand_ a-lone and

watch me fly,____ 'cause noth-ing's keep-ing me down, gon-na let it all